© 2012 Presses Aventure, pour l'édition française
© 2012 Disney Enterprises, Inc., tous droits réservés

Publié par Presses Aventure, une division de
Les Publications Modus Vivendi Inc.
55, rue Jean-Talon Ouest, 2e étage
Montréal (Québec) H2R 2W8
CANADA

Publié pour la première fois en 2010 par Boom Kids!
une division de Boom Entertainment, Inc.
sous le titre original *Mickey Mouse on Quandomai Island*

Traduit de l'anglais par Frédéric Antoine

Éditeur : Marc Alain
Responsable de collection : Marie-Eve Labelle

Dépôt légal — Bibliothèque et Archives nationales du Québec, 2012
Dépôt légal — Bibliothèque et Archives Canada, 2012

ISBN 978-2-89660-367-1

Nous reconnaissons l'aide financière du gouvernement du Canada par l'entremise du Fonds du livre
du Canada pour nos activités d'édition.

Gouvernement du Québec — Programme de crédit d'impôt pour l'édition de livres — Gestion SODEC

Imprimé en Chine

MICKEY

L'ÎLE DE QUANDOMAI

ARTISANS DE L'ÉDITION ORIGINALE :

HISTOIRE ET DESSINS :
CASTY

COULEUR :
MICHELE MAZZON

DESIGNER:
ERIKA TERRIQUEZ

EDITEUR:
CHRISTOPHER MEYER

UN MERCI SPÉCIAL À : JESSE POST,
LAUREN KRESSEL, ET ELENA GARBO

CHAPITRE UN

MICKEY ET L'ÎLE DE QUANDOMAI

CHAPITRE UN

LE PAQUEBOT DE LUXE *TRISTAN OCEANIC*, VÉRITABLE CENTRE DE VILLÉGIATURE FLOTTANT POUR TOURISTES FORTUNÉS...

PEPÈ PEREPEPÈ...

TRISTAN OCEANIC

5

ET D'OCCASIONNELS VOYAGEURS PAS SI FORTUNÉS...

VOS LAITS FRAPPÉS À LA MANGUE, MESSIEURS!

AAAAH! ÇA, C'EST LA BELLE VIE!

UNE VIE **DISPENDIEUSE**, OUI! 3 VERRES POUR 40$!

OUPS! QUAND J'AI PROMIS CETTE CROISIÈRE À MINNIE, JE N'AVAIS PAS RÉALISÉ QUE ÇA ME COÛTERAIT LES **YEUX** DE LA **TÊTE**.

MAIS COMME MINNIE EST SUR UN NUAGE DEPUIS QUE NOUS AVONS LEVÉ L'ANCRE, ÇA LE VAUT BIEN!

TIENS DONC! VOUS **AUSSI**?

?

JE VAIS PROBABLEMENT DEVOIR VENDRE MA VOITURE JUSTE POUR PAYER L'**ESPADON** QUE MON ÉPOUSE S'EST COMMANDÉ HIER SOIR.

MOI, JE NE ME NOURRIS PLUS QUE DE CACAHUÈTES GRATUITES.

MAIS ÇA VAUT SON PESANT D'OR DE CACAHUÈTES DE LES VOIR ENSUITE SE PÂMER DEVANT NOUS, NON?

EH BIEN...

HEIN?!

OH, DUKE VANTARD...

RACONTEZ-NOUS UNE AUTRE DE VOS AUDACIEUSES **BONNES ACTIONS**! – SOUPIR –

UNE FOIS, AU FIN FOND DE L'AMAZONIE...

... J'ÉTAIS À LA RECHERCHE D'UN **MÉDECIN** POUR MON **AMIE**, LA DUCHESSE MACGUFFIN! MAIS ALORS QUE JE RAMAIS À CONTRE-COURANT, UN **PYTHON GÉANT** M'AGRIPPA DANS UNE ÉTREINTE **MORTELLE**...

OOOH!

VOUS DEVIEZ ÊTRE TERRORISÉ!

JE N'AVAIS GUÈRE LE TEMPS DE L'ÊTRE : JE DEVAIS SAUVER LA DUCHESSE. JE PARVINS FINALEMENT À ME DÉFAIRE DU VIL REPTILE.

MINNIE A L'AIR IMPRESSIONNÉE!

PAR CE **RÉCIT FARFELU**? NON! ELLE **JOUE LE JEU**...

WOUF!

OH DUKE! QUEL CHAMPION VOUS FAITES! ET SI GALANT AVEC LES DAMES! CONTINUEZ, JE VOUS PRIE!

J'AIMERAIS VOLONTIERS, MADEMOISELLE...

MINNIE. JE ME NOMME MINNIE.

QUI VIENT DE **MINERVE**, DÉESSE DE LA SAGESSE, N'EST-CE PAS? PEUT-ÊTRE POURRAIS-JE CONTINUER TOUT EN VOUS **ACCOMPAGNANT** À LA **SOIRÉE TROPICALE DU TRISTAN**?

OOH! JE...

QUELLE CHANCEUSE!

J'EN SERAIS FLATTÉE! ET J'AIMERAIS BEAUCOUP... MAIS...

HUM!...

... JE SUIS ICI AVEC...

MICKEY!

AH! QUEL HOMME CHANCEUX!

MICKEY, J'AIMERAIS TE PRÉSENTER DUKE VANTARD D'HISE!

ENCHANTÉ!...

OUPS! MICKEY SEMBLE LITTÉRALEMENT BOUILLIR DE COLÈRE!

FSSS....

MAIS JE SUIS SÛR QU'UN GENTLEMAN TEL QUE VOUS M'ACCORDERA UNE DANSE AVEC CETTE DEMOISELLE.

ÇA NE TE DÉRANGE PAS, MICKEY?

HEU! EH BIEN...

BLINK BLINK

BIEN SÛR QUE NON, MINNIE! AUCUN PROBLÈME! DUKE, LAISSEZ-MOI VOUS OFFRIR UN VERRE!

VOLONTIERS!

SERVEUR! LAIT FRAPPÉ À LA MANGUE POUR TOUT LE MONDE! C'EST CE GENTIL HOMME QUI OFFRE LA TOURNÉE!

≩GLOUPS≨

OH, MICKEY, QUEL GENTLEMAN TU FAIS! TU AS LE TOUR POUR RENDRE CE VOYAGE INOUBLIABLE!

EH BIEN, LE BONHEUR N'A PAS DE PRIX... AUSSI ASTRONOMIQUE QU'IL SOIT!

MIEUX VAUT RETOURNER À MA CABINE AVANT QUE JE NE SOIS COMPLÈTEMENT RUINÉ!

EH! OÙ EST PASSÉ MON PORTEFEUILLE...?

S'CUSEZ-MOI, L'AMI!

PAS DE PROBLÈME!

POK

PSSST! GERTRUDE, AS-TU VU QUI...

RESTE CALME, PAT...

LA PRÉSENCE DE MICKEY EST JUSTE UNE COÏNCIDENCE. ÉVITONS-LE ET TOUT IRA BIEN, CROIS-MOI!

BAH! ENCORE FAUDRAIT-IL QU'IL ME METTE LA MAIN AU COLLET!

ORCHESTRE, DANSE ET PAILLETTES... À LA TOMBÉE DE LA NUIT, LA SOIRÉE TROPICALE BAT SON PLEIN!

DITES-MOI, QUE FAITES-VOUS QUAND VOUS NE SAUVEZ PAS LES DEMOISELLES EN DÉTRESSE?

JE VOYAGE À TRAVERS LE MONDE, VOYEZ-VOUS. POUR AFFAIRES, MAIS AUSSI POUR LE PLAISIR!

CACAHUÈTES?

9

QUEL COUPLE ÉPATANT! SI VOUS CONTINUEZ À DANSER **COMME ÇA**, VOUS ÊTES CERTAINS DE REMPORTER LA **COUPE FANTASIA**.

OH!

MICKEY, ES-TU D'ACCORD? J'AIMERAIS BEAUCOUP GAGNER CE TROPHÉE.

COMME TU VEUX, MINNIE...

TOUT VA BIEN, MICKEY?

ÇA VA TRÈS BIEN, MONSIEUR LE SINGE GÉANT... ATTENDEZ, QU'EST-CE QU'UN SINGE GÉANT FAIT ICI? ET COMMENT ME **CONNAISSEZ-VOUS**?

PARCE QUE C'EST **MOI** AVEC UN COSTUME, PARDI! JE NE VOULAIS PAS ME FAIRE MOUILLER PAR LA GROSSE **TEMPÊTE**, DEHORS!

UNE TEMPÊTE?

C'EST PRESQUE **UN OURAGAN**! UN VRAI TEMPS DE CHIEN, SI TU VEUX MON AVIS!

ÇA SEMBLE DANGEREUX! LE CAPITAINE DEVRAIT NOUS METTRE EN GARDE...

EH, MONSIEUR! JE CHERCHE LE **CAPITAINE**...

OUPS! EUH... ALLEZ VOIR SUR LE **PONT**!

IMPOSSIBLE, CAPITAINE! C'EST IRRÉPARABLE!

LA FOUDRE A GRILLÉ LES **TURBINES**. LES **MOTEURS** SONT KAPOUT!

-GLOUPS!-

LE NAVIRE EST EN FEU!

IL COULE!

DES CANOTS DE SAUVETAGE ONT ÉTÉ BRISÉS!

ET IL N'Y A PLUS DE CACAHUÈTES!

PAR NEPTUNE! IL N'Y A QU'UNE SEULE SOLUTION...

ABANDONNEZ LE NAVIRE!

TRISTAN OCEANIC

AUX CANOTS DE **SAUVETAGE** MESDAMES-MESSIEURS... S'IL EN RESTE!

LA SITUATION DEVIENT VITE DRAMATIQUE À BORD DU TRISTAN! CERTAINS CÈDENT À LA **PANIQUE** ET À LA **PEUR**...

AU SECOURS!

OUIN! JE VEUX MA **MAMAN**!

... MAIS D'AUTRES FONT **PREUVE** DE **COURAGE** ET DE SOLIDARITÉ...

C'EST VOTRE MAMAN, MONSIEUR?

OUI!

DÉPÊCHE-TOI, GARNEMENT!

12

AU MOINS, ELLE EST SAUVE! GLOUPS! MAIS OÙ SONT **DINGO** ET **PLUTO**?

ON EST ICI, MICKEY! SAUTE DANS LE CANOT!

WOUF!

J'ARRIVE...

OURF!

GVLAM

GASP!

SVOOOSH

QUELLE TRAGÉDIE! QUI AURAIT PU PRÉDIRE ÇA?

14

OH NON! JE SUIS ENTRAÎNÉ LOIN DE MES AMIS!

VOOOSH!

EN EFFET, MICKEY EST REJETÉ AU LOIN, MALMENÉ PAR LES ÉLÉMENTS DÉCHAÎNÉS...

JE DOIS TENIR BON!

MAIS...

HEIN? QU'EST-CE QUE...

FLASH

UNE ÎLE! QUELLE CHANCE!...

FLASH

COURAGE! SI JE PARVIENS À L'ATTEINDRE, JE SERAI SAUF! MAIS C'EST LOIN... LA MER EST SI AGITÉE... ET JE SUIS... ÉPUISÉ...

J'ESPÈRE QUE TOUT LE MONDE EST SAIN ET **SAUF**...

PAUVRE MINNIE

DINGO...

ET PLUTO...

15

... PLUTO! EH! LAISSE-MOI, LE CHIEN!

HÉ! EH, EH! J'AI DIT... ARRÊTE!...

... OH!

L'ÎLE! J'Y SUIS ARRIVÉ! MAIS... OÙ SONT LES AUTRES?

CETTE PLAGE EST VRAIMENT SUPERBE! ON AURAIT PU Y PASSER DE BELLES VACANCES SI CE N'AVAIT ÉTÉ DE CE NAUFRAGE.

HOURRA! IL Y A QUELQU'UN SUR CETTE ÎLE!

QUELQU'UN DE PLUTÔT... VERBEUX...

MICKEY! JE SAVAIS QUE TU RÉUSSIRAIS!

DINGO! TU ES SAUF!

OUAIS! ET J'AI ÉCRIT UN **MESSAGE** POUR QUE LES SAUVETEURS NOUS RETROUVENT. C'EST BRILLANT, NON?

C'EST SUPER BRILLANT! MAIS... POURQUOI « SECOURS OU **SAUVETAGE** »?

C'EST CE QUE VEUT DIRE S.O.S., NON? JE L'AI LU SUR INTERNET!

OH, PLUTO EST LÀ AUSSI!

WOUF!

WOUF!!

PLUTO!

ON DIRAIT QU'IL A TROUVÉ QUELQUE CHOSE!

PEUT-ÊTRE D'AUTRES NAUFRAGÉS!

WOUF!

CETTE **VALISE NOIRE**! C'EST... C'EST LE CANOT DE **SAUVETAGE DE DUKE**!

MAIS ALORS...

MINNIE DOIT PROBABLEMENT ÊTRE ICI! TROUVONS-LA! JE ME SUIS TELLEMENT **INQUIÉTÉ** POUR ELLE...

WOUF!

... RIEN QUI POURRAIT VOUS INQUIÉTER, MILADY! PAS TANT QUE **JE** SERAI LÀ POUR VOUS PROTÉGER!

MAXIMUS! APPORTEZ-NOUS ENCORE QUELQUES **NOIX DE COCO**, JE VOUS PRIE!

SNAP

HÉ! **MICKEY!** TU ES VIVANT! NOUS AVONS EU PEUR DE T'AVOIR VRAIMENT PERDU!

M. VANTARD M'A **SAUVÉE!** NOUS LUI DEVONS UNE FIÈRE CHANDELLE!

BIEN SÛR...

MERCI, DUKE.

WAOUH! MICKEY A VRAIMENT LE TOUR POUR **SÉCHER** RAPIDEMENT!

FSSS....

BIEN! PAS DE PANIQUE. C'EST COMME LE JOUR OÙ JE ME SUIS ÉCHOUÉ AVEC MON YACHT, ALORS QUE JE MENAIS UNE PRINCESSE DISPARUE À BON PORT, ET...

OH, EN PARLANT DE SE VANTER...

PARDON?

EUH... CE VENT CHAUD ET HUMIDE SEMBLE ANNONCER UN ORAGE! NOUS DEVRIONS NOUS ABRITER!

...

PERMETTEZ-MOI DE VOUS OFFRIR DE QUOI VOUS ABRITER DES ÉLÉMENTS, MA CHÈRE!

MAXIMUS?

OH, VOUS ÊTES TROP GENTIL!

NAP

PAS DE PLACE POUR NOUS, HEIN? ÇA NE ME SURPREND PAS. DIRIGEONS-NOUS VERS CETTE GROTTE...

ON POURRA S'Y CACHER LE TEMPS QUE... OH OH! IL Y A QUELQU'UN!?

!!

GRRR...

GLOUPS! DES HOMMES DES CAVERNES... AVEC DES GANTS BLANCS?

EUH... MOI MICKEY! MOI PAS VOULOIR DE MAL!

BAH! TU LE FAIS POURTANT TRÈS BIEN, RONGEUR!

ET QUI AS-TU TRAITÉ D'HOMMES DES **CAVERNES**, GRAND NIGAUD?

PAT HIBULAIRE ET GERTRUDE? VOUS ICI?

POURQUOI PAS? ON PRENAIT DES VACANCES SUR LE TRISTAN, TOUT COMME N'IMPORTE LEQUEL DE CES TYPES PLEINS DE FRIC!

MAINTENANT, **DÉGAGE**!

POP

OH, PAT! **REGARDE**... CE SÉDUISANT BONHOMME, C'EST **DUKE**!

HMM...

HMM...

HMM...

HOUHOU!, LES GARS...

AU LIEU DE VOUS DISPUTER SOUS LA PLUIE...

... ON POURRAIT MONTER VOIR OÙ ÇA VA!

JOLIE TROUVAILLE, MINNIE!

CETTE ÎLE A L'AIR D'ÊTRE HABITÉE!

D'ÊTRE... OU DE L'AVOIR ÉTÉ!

QUI SAIT! VOILÀ EN TOUT CAS UN **AVANT-POSTE SCIENTIFIQUE**...

MAIS ON DIRAIT QU'IL A ÉTÉ **DÉSERTÉ**!

OUI! IL SEMBLE QU'IL N'Y AIT PLUS PERSONNE... DEPUIS **LONGTEMPS**!

ON DIRAIT QU'ILS SE SONT INSTALLÉS, PUIS ONT **DÉGUERPI**...

AVRIL 2008

EN LAISSANT TOUTE LEUR **BOUFFE** ET LEURS AFFAIRES POUR NOUS!

HÉ, HÉ!

EXCELLENT! IL Y A TOUT CE QU'IL FAUT POUR DES **HAMBURGERS**...

... SI ON AVAIT DE L'ÉLECTRICITÉ...

IL Y A UN **GÉNÉRATEUR** À L'EXTÉRIEUR... MAIS IL A L'AIR EN PITEUX ÉTAT!

N'AYEZ CRAINTE! JE M'EN OCCUPE.

MAXIMUS! **RÉPARATION**!

SNAP

21

ET BIENTÔT...

CHIC! ENFIN DE L'ÉLECTRICITÉ!

ET LA PLUIE S'EST ARRÊTÉE!

VZZZ VZZZ

OÙ ALLEZ-VOUS COMME ÇA, VOUS DEUX?

JETER UN ŒIL À CE HANGAR BRÛLÉ! GARDEZ-NOUS UN PEU DE PÂTES!

CET ENDROIT A CONNU DE MEILLEURS JOURS. JE ME DEMANDE BIEN CE QUI A PU ARRIVER!

AUCUNE IDÉE! JE SUIS NUL EN DEVINETTES!

ON VO VO X

« L'ÎLE DE QUANDOMA! » VOICI DONC OÙ NOUS SOMMES.

CE DEVAIT ÊTRE LES SCIENTIFIQUES QUI ONT OCCUPÉ CE CAMP!

L'ÎLE DE QUANDOMA!

R/V CLÉMENTINE

QUEL GENRE DE SCIENCE PENSES-TU QU'ILS ÉTUDIAIENT?

IL SEMBLE QUE C'ÉTAIT DES **BIOLOGISTES** À LA RECHERCHE DE NOUVELLES ESPÈCES À CLASSIFIER...

CRAC!

ILS NE DOIVENT RIEN AVOIR TROUVÉ D'INTÉRESSANT. C'EST PROBABLEMENT POURQUOI LE CAMP EST ABANDONNÉ.

OUAIS, SÛREMENT!

CRAC!

22

CHAPITRE DEUX

-BURP- SUCCULENTES, CES BOULETTES, PAT! EUH... AS-TU VU MINNIE?

OUAIS... ELLE EST PARTIE FAIRE UN TOUR AVEC L'AUTRE CASANOVA, IL Y A UN MOMENT!

MICKEY! VIENS VOIR! DUKE ET MOI FAISIONS UNE INNOCENTE PROMENADE QUAND NOUS AVONS DÉCOUVERT QUELQUE CHOSE.

UNE PORTE À FLANC DE MONTAGNE!

TOUT À FAIT! QUELS SECRETS SE CACHENT À L'INTÉRIEUR? QUELS TERRIBLES DANGERS...

... DEVRAI-JE AFFRONTER POUR VOUS SAUVER?

NE VOUS DÉRANGEZ PAS... JE PASSERAI LE PREMIER!

BON SANG, C'EST INCROYABLE! ON DIRAIT LA MYTHIQUE XANADU.

25

« DEUX FOIS CINQ MILES DE TERRES FERTILES », EFFECTIVEMENT! PRÊTE À **EXPLORER**, MA CHÈRE?

AVEC PLAISIR, DUKE!

HMM...

ATTENDEZ UN PEU! VOUS AVEZ ENTENDU ÇA?

ON DIRAIT QU'ON CASSE DES BRANCHES...

CRAC

C'EST COMME SI... LA FORÊT ÉTAIT VIVANTE!

OH NON! ELLE VEUT SE VENGER DE LA FOIS OÙ J'AI TONDU MA PELOUSE!

CRAC

CROC

LÀ-BAS AUSSI! QUOI QUE CE SOIT, ÇA SE RAPPROCHE!

CROC

BONTÉ **DIVINE!** JE NE PEUX PAS CROIRE CE QUE JE VOIS!

VOILÀ DONC CE QU'ÉTUDIAIENT CES SCIENTIFIQUES!

HO !

27

DÉSOLÉ DE BRISER CE MOMENT DE CONTEMPLATION, MAIS NOUS DEVRIONS NOUS METTRE À L'ABRI AVANT L'ARRIVÉE DE L'ORAGE!

UNE FOIS DE RETOUR...

PENSES-Y, GERTRUDE! ON POURRAIT FAIRE **FORTUNE** EN TRANSFORMANT CE COIN EN PIÈGE À TOURISTES!

QUI DIT QUE CETTE ÎLE **VOUS** REVIENT DE DROIT, CHER MONSIEUR?

T'AS PAS L'AIR DE CONNAÎTRE L'INFÂME PAT **HIBULAIRE**, TOI...

TOUT DOUX, L'AMI! GARDEZ LE BOUCHON SUR VOTRE JOUJOU.

SI VOUS VOULEZ **VRAIMENT** VOUS FAIRE DE L'ARGENT AVEC CETTE ÎLE, VOUS ALLEZ AVOIR BESOIN DE MON **INTELLIGENCE** ET DE MON **EXPÉRIENCE**. ÉCOUTEZ-MOI...

PSSST PSSST PSSST!

HEIN!

OH...

DUKE, T'ES GÉNIAL! C'EST UNE IDÉE... **GÉNIALE!**

BIEN SÛR QU'ELLE L'EST. ET JE VOUS DEMANDERAIS DE LE RÉPÉTER AU SOUPER. MAINTENANT, AVONS-NOUS UN MARCHÉ?

CERTAINEMENT, NOUS...

NOM DE !!!...

QUELQUE CHOSE NE VA PAS? ON DIRAIT QUE VOUS AVEZ VU UN FANTÔME!

FLASH

PAT? UN PROBLÈME?

IL Y A QUELQU'UN **DEHORS**!

VOUS LÀ! FANTÔME OU QUOI QUE CE SOIT, SORTEZ DE LÀ!

M-MES EXCUSES... S'IL VOUS PLAÎT, **LAISSEZ-MOI** VOUS SOUHAITER LA B-BIENVENUE... SUR **MON ÎLE**...

HEIN?

J'ÉTAIS UN DES S-SCIENTIFIQUES... MES COLLÈGUES ET MOI-MÊME... AVONS **DÉCOUVERT** L'ÎLE DE QUANDOMAI! MON NOM EST **BAQUATER**.

ENTREZ DONC, TÊTE D'ŒUF! VOICI TOUS LES **RESCAPÉS**!

V-VOUS ÊTES **NOMBREUX**!

RAVI DE VOUS RENCONTRER, M. BAQUATER! JE SUIS MICKEY ET...

OOH! JE SUIS DÉSOLÉ, MAIS JE NE S-SERRE PAS LES MAINS. JE CRAINS QUE TOUTES CES ANNÉES VÉCUES EN **ERMITE** M'AIENT RENDU... UN PEU GERMOPHOBE!

OH! UN ERMITE?

MAIS OÙ...?

ET COMMENT...?

OH, QUE DE **Q-QUESTIONS**! S'IL VOUS P-PLAÎT, CHACUN SON T-TOUR!...

DU CALME, PLUTO! C'EST NOTRE NOUVEL AMI!

WOUF!

NOTRE ÉQUIPE EST ARRIVÉE S-SUR CETTE ÎLE IL Y A P-PLUSIEURS ANNÉES! VOUS POUVEZ **IMAGINER** SANS PEINE COMBIEN NOUS ÉTIONS EXCITÉS EN DÉCOUVRANT SON... **SECRET!**

LA VALLÉE DES DINOSAURES!

OUI! UN **É-ÉCOSYSTÈME ENCLAVÉ** QUI N'A JAMAIS ÉTÉ AFFECTÉ PAR AUCUNE ÉVOLUTION! NOUS NOUS SOMMES INSTALLÉS ICI AFIN DE POURSUIVRE NOS ÉTUDES, FAISANT AINSI DE **GRANDES DÉCOUVERTES.**

PUIS... IL Y A DEUX ANS, M-MES COLLÈGUES SONT RENTRÉS AVEC LE BATEAU. JE FUS LE **SEUL** À DÉCIDER DE RESTER SUR L'ÎLE!

OH?

JE ME SUIS PRIS D'AFFECTION POUR CES CRÉATURES! TELLEMENT QUE JE VIS M-MAINTENANT PARMI ELLES, DANS UNE **TOUR DE GUET**, AU FIN FOND DE LA VALLÉE.

MAIS JE SUPPOSE QUE LES CH-CHOSES VONT **CHANGER!** J'AI ENTENDU VOS DEUX AMIS **DISCUTER**, IL Y A UN INSTANT...

G-GLOUPS!

... ET JE SUIS **TRÈS EXCITÉ** PAR LEUR IDÉE DE FAIRE DE L'ÎLE UN **PARC N-NATUREL!** AINSI, LE MONDE ENTIER POURRA VENIR VOIR LES D-D-DINOSAURES.

UN PARC NATUREL?!? HEU... OUI, EXACTEMENT!

?

RENDEZ-MOI V-VISITE DANS LA VALLÉE, DEMAIN MATIN! ET NE VOUS INQUIÉTEZ PAS, LES DINOSAURES SONT PLUTÔT **INOFFENSIFS.**

PFIOU! C'EST UNE BONNE CHOSE QUE TÊTE D'ŒUF N'AIT PAS ENTENDU CE QUE NOUS PROJETONS RÉELLEMENT DE FAIRE DE CET ENDROIT!

HÉ, HÉ!

?

IL COMPRENDRA QUAND NOUS AURONS RÉCUPÉRÉ LA **VALISE** RESTÉE DANS MON CANOT.

FAISONS ÇA DEMAIN MATIN, À LA **PREMIÈRE HEURE.**

DIS...

CHUT!

PAT HIBULAIRE OUVRANT UN PARC NATUREL? AUSSI IMPROBABLE QU'UN CHAT PILOTANT UNE F1! CES DEUX-LÀ MANIGANCENT QUELQUE CHOSE.

C'EST ÉVIDENT! ET ÇA A QUELQUE CHOSE À VOIR AVEC CETTE **VALISE NOIRE...**

IL NE L'AURAIT PAS ABANDONNÉE, MÊME SI LE BATEAU COULAIT.

UNE PERSONNE PLUS COURAGEUSE QUE MOI DEVRAIT Y **JETER** UN ŒIL!

EFFECTIVEMENT! DEMAIN, PLUTO ET MOI ALLONS NOUS LEVER PLUS TÔT ET Y REGARDER DE PLUS PRÈS... **EN SECRET!**

OK! BONNE NUIT, MICKEY!

?

OH, C'EST TOI!

OUI, TOUT VA BIEN. ET J'OSERAIS MÊME DIRE QUE ÇA NE P-POURRAIT ALLER **MIEUX**!...

À L'AUBE...

ON N'EN A PAS POUR LONGTEMPS!

OK!

MAIS...

FLÛTE! TROP TARD! ILS SE SONT LEVÉS AVANT MOI!

VITE, PLUTO! CACHE-TOI!

HA, HA! SACRÉ DUKE! ON VA S'AMUSER COMME DES FOUS AVEC VOS SUPER GADGETS...

... DE CHASSE!

EN EFFET! POURQUOI FAIRE UN PARC NATUREL QUAND ON PEUT TRANSFORMER UNE VALLÉE DE DINOSAURES EN UN **TERRAIN DE JEU**... **POUR RICHES MILLIARDAIRES!**

IMAGINEZ: CROISIÈRES EXCLUSIVES! HÔTELS SUPER LUXUEUX! UN **SAFARI** UNIQUE!

ON VA SE FAIRE PLEIN DE FRIC! DES MILLIONS! DES MILLIARDS, MÊME!

?!?

ET SI LES BOY-SCOUTS S'EN MÊLENT, JE ME CHARGERAI D'EUX!...

WOUF!

HEIN?

PEU APRÈS...

TOUT LE MONDE EST LÀ?

EXCEPTÉ LES INDÉSIRABLES!

OÙ EST MICKEY?

BEN... IL EST SORTI! EUH... JE VEUX DIRE ENDORMI!

MA CHÈRE, VOUS MÉRITEZ BEAUCOUP MIEUX QU'UN PARESSEUX DE LA SORTE!

CE N'EST POURTANT PAS SON GENRE! JE LUI LAISSE UN MOT!

DE JUSTESSE! OÙ ES-TU, MICKEY?

VRIL 2008

NE PERDONS PAS DE TEMPS! EN ROUTE POUR... L'AVENTURE!

SAPRISTI! LA VALISE NOIRE! MAIS OÙ EST MICKEY?

MICKEY NE SAIT PAS CE QU'IL MANQUE! C'EST TELLEMENT MAGNIFIQUE!

OH OUI!

ÇA DOIT ÊTRE LA **TOUR** DE GUET OÙ VIT L'AUTRE EINSTEIN.

HOUHOU! PROFESSEUR!

EH BIEN QUOI? IL EST **SOURD**?

IL DOIT SÛREMENT JOUER AVEC SES ÉPROUVETTES, QUELQUE PART!

OH, REGARDEZ! C'EST FABULEUX!

SPLENDIDE! VOICI L'ENDROIT RÊVÉ POUR **COMMENCER**...

... UNE **SUPERBE CHASSE!** MAXIMUS, PRÉPARE MON FUSIL!

?!?

SNAP

UNE C-CHASSE?! DUKE VANTARD, VOUS ÊTES UN... CHASSEUR?!

BIEN SÛR! NE VOUS AI-JE PAS DIT QUE JE MÊLAIS LE PLAISIR ET **LES AFFAIRES**? MA **COMPAGNIE** FABRIQUE LES FUSILS « FLASH-BANG »!

CE FUSIL ÉMET UN RAYON QUI ÉTOURDIT LES ANIMAUX SANS LEUR FAIRE TROP DE MAL!

INCROYABLE...

TOUT À FAIT. DU TRAVAIL PROPRE ET FACILE!

ADMIREZ!

NON, JE VOULAIS DIRE QUE C'EST INCROYABLE...

AOUCH!

FLASH

!

!?!

... DE NE PAS AVOIR RÉALISÉ PLUS TÔT QUE VOUS N'ÉTIEZ QU'UNE CANAILLE!

VOUS ME BLESSEZ, MADAME! LITTÉRALEMENT!

VOILÀ DONC VOTRE IDÉE DE « PARC NATUREL »?

NOUS REFUSONS DE PRENDRE PART À VOTRE IGNOBLE SAFARI!

VIENS, MINNIE! NOUS DEVONS AVERTIR BAQUATER!

BOUH HOU HOU! ALLEZ DONC PRÉVENIR L'ÉCOLO!

LAISSE-MOI M'OCCUPER D'EUX, DUKE!

PLUS TARD, PAT! NE GÂCHONS PAS NOTRE PLAISIR!

ON DIRAIT QU'IL Y A DE L'EAU DANS LE GAZ! BIEN... TRÈS BIEN...

IL Y A UN PROBLÈME, GERTRUDE?

JE NE SAIS PAS... J'AI LA DÉSAGRÉABLE IMPRESSION...

... QU'ON NOUS OBSERVE!

SVIP

PSSST! PAT! J'AVAIS RAISON. QUELQU'UN NOUS ÉPIE!

BAH, C'EST SÛREMENT ENCORE MISS TROUBLE-FÊTE OU UN MINABLE HIPPIE QU'ELLE AURA RECRUTÉ...

NAB

HOOO!

PAR TOUS LES DIABLES!! C'ÉTAIT QUOI, ÇA?

JE TE L'AI DIT, PAT! IL Y A D'AUTRES PERSONNES ICI...

... ET ILS EN ONT APRÈS NOUS!

FRUSH

CERTES, CE N'ÉTAIT PAS MICKEY? À PROPOS, QUE DEVIENT NOTRE AMI?

OH, **MISÈRE**... QUI M'A FRAPPÉ? ET OÙ SOMMES-NOUS?

PLUTO, **REGARDE!** IL Y A UN QUAI DANS CETTE ANSE...

... CE VIEUX BATEAU TOUT ROUILLÉ NE SEMBLE PAS AVOIR SERVI DEPUIS LONGTEMPS!

UNE MINUTE...

LE **CLÉMENTINE!** C'EST LE BATEAU SUR LA PHOTO DES SCIENTIFIQUES! MAIS BAQUATER A DIT QU'ILS ÉTAIENT TOUS **PARTIS**...

R/V CLÉMENTINE

2008?? MAIS ALORS... BAQUATER NOUS A MENTI! SES COLLÈGUES N'ONT **JAMAIS** QUITTÉ L'ÎLE!

ALORS OÙ SONT-ILS? TOUT ÇA SENT MAUVAIS, VIEUX FRÈRE...

÷ WOUF! ÷

VITE, ALLONS CHERCHER MINNIE ET LES AUTRES! À L'HEURE QU'IL EST, ILS DOIVENT ÊTRE DANS LA VALLÉE DE BAQUATER ET CE N'EST PAS LA PORTE À CÔTÉ...

DES ESCALIERS QUI MONTENT! ON GAGNERAIT PEUT-ÊTRE DU TEMPS!

SKRIII...

TIENS, TIENS! DES SORTES DE **PARATONNERRES** MAINTENANT? CETTE ÎLE REGORGE DE MYSTÈRES!?

ILS ONT ÉTÉ INSTALLÉS TOUT AUTOUR DE LA CRÊTE... À QUELLE FIN?

?!?

ARF! OUAF! WOUF! WOUF!

MILLE PÉTUNIAS! PLUTO, POURQUOI TOUT CE RAFFUT?

SACRÉ NOM D'UNE PIPE! Q-QU'EST-CE QUE...

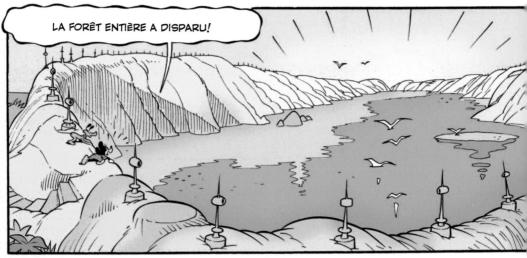

LA FORÊT ENTIÈRE A DISPARU!

ET CE LAC M'A TOUT L'AIR D'ÊTRE RÉEL! ÇA N'A AUCUN SENS.

PLUF

VIENS, PLUTO! QUELQUE CHOSE NE TOURNE PAS ROND ET NOUS DEVONS TROUVER QUOI!

CHAPITRE TROIS

~COUINE!~

JE SAIS, MON CHIEN! CET ENDROIT EST AUSSI TERRIFIANT QUE LA MOUSTACHE DE DUKE, MAIS NOUS DEVONS DESCENDRE ET TROUVER NOS AMIS!

CHERCHE, PLUTO! CHERCHE!

~SNF!~ ~SNF!~ ~SNF!~

J'ESPÈRE QU'ILS VONT BIEN! QUI SAIT CE QUE CACHE CETTE VALLÉE... MIEUX VAUT RESTER VIGILANT EN CAS DE...

~SNIFF~ ~SNIFF~ ~SNIFF~ ...?

... DANGER!

AAAAH!

GLOUPS!

AIIEEE!! FUYONS AVANT DE FINIR DANS LE VENTRE DE CE DINOSAURE!

BRAA!!!

GASP! NOTRE FUITE N'AURA PAS ÉTÉ DE LONGUE DURÉE. NOUS VOILÀ COINCÉS!

SKREE

ÇA A ÉTÉ BIEN DE TE CONNAÎTRE, VIEUX FRÈRE!

TREMBLE! TREMBLE!

ET POURTANT!...

FIIIII

TRIXIE! DU CALME, MA FILLE!

?!?

QUI ÊTES-VOUS? IDENTIFIEZ-VOUS!

« NOUS IDENTIFIER?! » COMMENT?

DITES-MOI QUI VOUS ÊTES OU JE RELÂCHE TRIXIE!

OK! OK! JE M'APPELLE MICKEY ET VOICI MON CHIEN, PLUTO. NOUS SOMMES DES NAUFRAGÉS ET NOS AMIS ONT DISPARU ET... S'IL VOUS PLAÎT, NE NOUS MANGEZ PAS!!

JE VOIS... TRÈS BIEN...

FRUSH

!

JE SUIS LE DERNIER SURVIVANT DU PROJET VORTEX EON... JE SUIS LE PROFESSEUR BENJAMIN BAQUATER!

?!?

M-MAIS, NOUS VOUS AVONS DÉJÀ RENCONTRÉ **HIER**, PROFESSEUR!

JE CRAINS QUE VOUS NE FASSIEZ ERREUR, MONSIEUR MICKEY!

UNE MINUTE... IL N'AVAIT PAS CETTE BARBE, HIER! C'EST COMME S'IL Y AVAIT DEUX BAQUATER! ET SI CELUI-CI ÉTAIT LE VRAI, ALORS...

« ... QUI VIT DANS LA **TOUR**? »

HÉ, PROFESSEUR! NOUS AVONS UN PROBLÈME!

HOUHOU! PROFESSEUR!

ON DIRAIT QU'IL N'EST PAS LÀ...

EH BIEN, ENTRONS ET ATTENDONS-LE!

ESPÉRONS QU'IL NE NOUS EN VOUDRA PAS DE CETTE INTRUSION...

OH, NE T'INQUIÈTE PAS...

JE NE CASSERAI... RIEN?

48

OH! TOUT SEMBLE **ABANDONNÉ** DEPUIS DES ANNÉES!

DINGO, JE N'AIME PAS ÇA...

GLOUPS! QUELQU'UN VIENT!

CLOMP... CLOMP...

EST-CE... LE PROFESSEUR?

MALHEUR! CE N'EST PAS LUI!

AAAAH!

PENDANT CE TEMPS...

QUE DIABLE SE **PASSE-T-IL** SUR CETTE ÎLE, PROFESSEUR?

UN ENDROIT TRÈS SPÉCIAL, N'EST-CE PAS? EN TANT QUE PHYSICIEN, J'EN SUIS VENU À EN APPRENDRE BEAUCOUP SUR LES DINOSAURES PENDANT MON SÉJOUR ICI... ET **TRIXIE** EST AINSI DEVENUE MA MEILLEURE AMIE! MAIS NE DEVRAIS-JE PAS PLUTÔT COMMENCER PAR LE DÉBUT...?

J-2833-2

IL Y A CINQ ANS, UN COLLÈGUE DE ROME A DÉCOUVERT CETTE ÎLE PAR HASARD. IL LA NOMMA « QUANDOMAI », QUI VEUT DIRE, EN ITALIEN, « N'IMPORTE QUAND », ESPÉRANT QU'ELLE SERAIT LE LIEU IDÉAL POUR NOTRE AMBITIEUX PROJET : GÉNÉRER UN **VORTEX D'ÉON!**

CLÉMENTINE

UN QUOI?

VOUS AVEZ DÛ VOIR NOS **CONDUCTEURS** SUR LA CRÊTE DE L'ÎLE! UN VORTEX D'ÉON EST UN CHAMP DE FORCE QUI PEUT **ISOLER LE TEMPS.**

IMAGINEZ UN **CYLINDRE** CONTENANT, COMME DANS LE CAS PRÉSENT, UN ÉCHANTILLON DE **L'ÈRE DU CRÉTACÉ!**

CRÉTACÉ

VORTEX D'ÉON

POUR **ACCÉDER** À CETTE ZONE, QUE NOUS APPELONS SUPRATEMPORELLE, IL SUFFIT D'UN **TUNNEL** SUR LE CÔTÉ DU CYLINDRE, COMME CECI...

CRÉTACÉ

2010

... ET VOUS VOUS RETROUVEZ DANS LA VALLÉE... TELLE QU'ELLE ÉTAIT IL Y A 130 MILLIONS D'ANNÉES!

ÇA EXPLIQUE ALORS POURQUOI ON NE VOIT QUE LE LAC DU SOMMET! QUELLE INVENTION!...

« AU DÉBUT, NOTRE EXPÉRIENCE SE DÉROULAIT TRANQUILLEMENT! JUSQU'AU JOUR OÙ... »

DES HOMMES? COMME DES **HOMMES DES CAVERNES** OU DES GENS DE NOTRE ÉPOQUE?

IMPOSSIBLE À DIRE! NOUS NE LES AVONS JAMAIS APPROCHÉS D'ASSEZ PRÈS POUR **LE SAVOIR!**

BAQUATER! IL Y A DES HOMMES DANS LA VALLÉE!

« MAIS, DANS LES JOURS QUI SUIVIRENT, MES COLLÈGUES FURENT **KIDNAPPÉS,** UN PAR UN! PUIS, UN JOUR DE TEMPÊTE, ALORS QUE JE VOULAIS ME RÉFUGIER DANS LA VALLÉE DES DINOSAURES... »

K-RACK

« ... JE RÉALISAIS QUE J'ÉTAIS LE DERNIER! JE DEVAIS RETOURNER AU **GÉNÉRATEUR** ET STOPPER LE VORTEX! »

« MAIS AVANT QUE JE PUISSE SORTIR, MON **DESTIN** SE SCELLA : J'ENTENDIS LA **FOUDRE FRAPPER** LE GÉNÉRATEUR! »

KRAKK!!!

« LE VORTEX D'ÉON **S'ÉTEIGNIT,** ME LAISSANT PRISONNIER DU CRÉTACÉ! »

NON! NOOON!!

« J'AI BÂTI CET ABRI ET LES **ANNÉES** ONT PASSÉ... JE N'APPRIS RIEN DE PLUS SUR LES MYSTÉRIEUX KIDNAPPEURS, JUSQU'À HIER... »

UN INSTANT! NOUS SOMMES ARRIVÉS **HIER** ET NOUS AVONS **RÉPARÉ** UN GÉNÉRATEUR...

RÉACTIVANT LE VORTEX! OUI! RÉALISANT LA CHOSE, J'AI COURU À VOTRE RENCONTRE, MAIS...

« ... JE ME SUIS **ARRÊTÉ** QUAND... EH BIEN, ÇA SEMBLE **IMPOSSIBLE**, MAIS J'AI VU UN AUTRE **MOI**, **PLUS JEUNE**, REVENANT DE LA STATION SCIENTIFIQUE! »

ABERRANT!

« IL BAVARDA AVEC UNE SILHOUETTE QUE JE PENSE ÊTRE CELLE DE L'UN DE NOS **KIDNAPPEURS**! »

ÇA NE P-POURRAIT ALLER MIEUX! NOS **PROIES** ONT MORDU... À L'HAMEÇON!

NOUS ALLONS AVOIR UNE **CHASSE MÉMORABLE!**

KEK KEK!

« ET SOUDAIN, LE JEUNE MOI SE TRANSFORMA! C'ÉTAIT SURPRENANT... CES ÉTRANGES HOMMES-BÊTES SONT AUSSI DES CHASSEURS MÉTAMORPHOSÉS! »

MAIS... ILS SONT APPARUS UNE FOIS LE VORTEX **RÉACTIVÉ!** VOUS PENSEZ QUE...

OUI! AUSSI INCROYABLE QUE CELA PUISSE PARAÎTRE, LA VALLÉE DE QUANDOMAI A UN **SECOND TUNNEL**...

... QUI MÈNE VERS LE FUTUR!

SAPRISTI! PAT ET DUKE VANTARD PENSENT QU'ILS SONT LES CHASSEURS... ALORS QU'EN FAIT, ILS SONT LE GIBIER!

C'EN EST TROP! JE DOIS RETROUVER MES AMIS... ET NOUS DEVONS SORTIR D'ICI ET ÉTEINDRE LE VORTEX D'ÉON! ÊTES-VOUS AVEC MOI, M. BAQUATER?

QUE CROYEZ-VOUS, APRÈS TOUTES CES ANNÉES ICI?

HÉLAS, MON ARSENAL EST LIMITÉ... J'AI SEULEMENT DEUX LANCES ET UN CANIF!

SANS OUBLIER TRIXIE! ALLEZ HUE, MA GRANDE!

MAIS...

ÉTRANGE! ON DIRAIT QU'IL Y A EU UNE BATAILLE FÉROCE!

MINNIEEE!

DINGOOO!

ÉCOUTEZ! J'AI ENTENDU QUELQUE CHOSE...

ÇA RESSEMBLE À DES ENFANTS APEURÉS...

OUINNN!

53

MICKEY! RESTEZ ACCROUPI!

UNE BESTIOLE TERRIFIANTE A CAPTURÉ **GERTRUDE!** **ON EST LES PROCHAINS!**

CALMEZ-VOUS! OÙ SONT MINNIE ET DINGO?

ILS SONT PARTIS CHERCHER **LE PROF BAQUATRUC!** HÉ, DEPUIS QUAND VOUS AVEZ UNE LONGUE BARBE, VOUS?

C'EST UNE LONGUE HISTOIRE!

AINSI...

POIRE? MAIS JE SUIS ALLERGIQUE AUX POIRES DEPUIS QUE JE SUIS GAMIN...

J'AI DIT **PROIE,** IMBÉCILE! VOUS ÊTES **TRAQUÉS** PAR DES CRÉATURES DU **FUTUR!** AUSSI BIZARRE QUE ÇA PUISSE ÊTRE...

C'EST CELUI QUI POSSÈDE L'ARTILLERIE LOURDE QUI DEVRAIT COMMANDER, VOUS SAVEZ?

VOUS, JE VOUS AI TROUVÉ PLEURNICHANT DANS UN BUISSON, ALORS, LÂCHEZ-MOI!

MAIS...

IL N'Y A PERSONNE!

MINNIIIE! DINGO! OÙ ÊTES-VOUS?

HEIN?!

!!!

MICKEY! MINNIE A ÉTÉ ! K-KIDNAPPÉE

SAPRISTI! DINGO, AS-TU VU OÙ ILS L'ONT EMMENÉE?

OUI! D-DE CE CÔTÉ... S-SUIS-MOI!

WOUF!

WOUF!

WOUF!

HEIN? QU'Y A-T-IL, PLUTO?

MILLE PLANÈTES! CES EMPREINTES... ELLES NE SONT PAS HUMAINES!

L-LÀ!

MINNIE!

HEIN! UNE STATUE D'ARGILE?? QU'EST-CE QUE...?

ATTENTION, MICKEY! CE N'EST PAS VOTRE AMI QUI EST LÀ! C'EST UN PIÈGE!

?

— GASP! —

SURPRISE!

MALHEUR! C'EST CLAIR QUE CE N'EST PAS DINGO!

OBLOP

TZAT TZAT TZAT

L'ARTILLERIE DE DUKE ME SERAIT BIEN UTILE...!

KEK! KEK!

OUF!

PUNF

GRRR! ?

MERCI, PLUTO! MAIS SOIS PRUDENT...

CHOMP!

SLAP!

PEUH!

WIF!

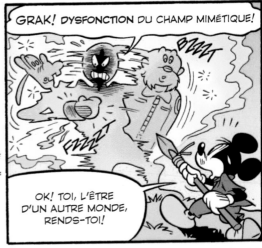

GRAK! DYSFONCTION DU CHAMP MIMÉTIQUE!

OK! TOI, L'ÊTRE D'UN AUTRE MONDE, RENDS-TOI!

ZOURIS MORTE! ZOURIS MORTE!

KEK KEK KEK!

AAAH!

ZVING ZVING ZVING

ZOURIS TOMBÉE?

PAR ICI!

WHAM

J'T'AI EU, FACE DE CAFARD!

STUPÉFIANT! CET ENGIN CRÉE DE FAUSSES IMAGES ET REPRODUIT LES VOIX!

ÇA FAIT MAL DE LE DIRE, MAIS ON S'EST TOUS FAIT BERNER!

OUAIS! ET IL EST MOCHE COMME UN POU!

CETTE CRÉATURE VIENT DU FUTUR... PEUT-ÊTRE UN LOINTAIN DESCENDANT DE DUKE! VOYONS CE QU'IL PEUT NOUS DIRE...

PAT PAT

KIK! CHAZZE DE BZUG RATÉE... PAS PLAIRE À LA RUCHE! BZUG ARRIVÉ PAR TUNNEL ANNÉE 125QXX!

125QXX? OH LÀ LÀ...

AMI-RUCHE BZAAG ET MOI AVONS DÉCOUVERT IL Y A QUATRE ZANS! KEK! PREMIÈRE CHAZZE ÉTAIT GROS LÉZZARDS, MAIS AVONS TROUVÉ MEILLEURES PROIES... ZZUCCULENTS HUMAINS! KEK KEK KEK!

MES COLLÈGUES! VOUS... VOUS LES AVEZ TUÉS!

PAS ENCORE... KIK KEK... VOUS FERMER VORTEXX ... NOUS ZAVONS ATTENDU DES ANNÉES POUR POUVOIR TRAQUER RESTE DES PROIES ET TERMINER CHAZZE!

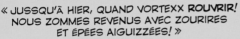

« JUSSQU'À HIER, QUAND VORTEXX **ROUVRIR**! NOUS ZOMMES REVENUS AVEC ZOURIRES ET ÉPÉES AIGUIZZÉES! »

« NOUS **ZÉTUDIONS** VOUS... OBZERVONS VOS ZTUPIDES GEZTES! KEK! »

« ALORS... NOUS DEVENIR VOUS! FAIRE PIÈGE FAZILE POUR TOUS LES ZHOMMES! »

AH OUI? MAINTENANT, DIS-NOUS OÙ SONT NOS AMIS, SALE INSECTE?

CHAMBRE DES COLLECZZIONS! EXPOZÉS DANS PRIZONS D'AMBRE... KEK!

QUI ZZAIT? BZAAG FAIM ET LUI TOUT **MANGER** SI MOI PAS REVENIR! KIK KEK!

BARBARES!

GRRR! C'EST **INSENSÉ**! SI NOUS NE LE RELÂCHONS PAS, QUI SAIT CE QUE SON AMI FERA? IL FAUT TROUVER UNE SOLUTION...

OUI! ET VITE! MA GERTRUDE VA PAS FINIR EN CASSE-CROÛTE!

OU ALORS, T'AS SEULEMENT DES IDÉES QUAND IL S'AGIT DE **ME** FAIRE DES ENNUIS?

TRÈS DRÔLE! J'AI UNE IDÉE QUI POURRAIT **MARCHER**... APPROCHEZ...

UN PEU PLUS TARD...

BON, NOUS SOMMES TOUS D'ACCORD! NOUS CAMPERONS ICI POUR NOUS REPOSER AVANT L'ASSAUT **FINAL**!

OK!

?

KEK KEK! DORMEZ, ZTUPIDES ZHUMAINS!

ZZZZ Z...

ÉVAZZION!!

KEK! ZURTOUT PAS OUBLIER COMMUNICATEUR!

BZAAG! AMI-RUCHE BZAAG! HOMMES PAREZZEUX TOUZZ DORMIR!

ZZZ...

EXZZELENT, BZUG! KEK KEK! ALORS **CHAZZE FINALE** PEUT COMMENZER!

CHAPITRE QUATRE

ZTUPIDES ZHUMAINS SE CROIENT COSTAUDS! ALLONS MONTRER À EUX QUI A PLUS GROS THORAXX! *KEK KEK!*

VIENS RÉCUPÉRER MOI ET AMÈNE GROZZE NAVETTE POUR PROIES!

ENTENDU! ATTENDS-MOI AU TUNNEL **ZZECRET!** *KEK!*

KIK KIK... TROP FAZILE!

KWAH?

BRAVO, LE CAFARD! TU VIENS DE TE TROUVER DES COMPAGNONS DE VOYAGE!

KAK?

VOUS AVOIR **ZIMULÉ** DODO! VOULOIR MOI APPELER BZAAG SANS **ALERTER** LUI! *OOOH!* ZZALES PETITS ZHUMAINS!

T'AS TOUT COMPRIS! MAINTENANT, MÈNE-NOUS À TON **TUNNEL** « ZZECRET »!

MONTEZ, DUKE! VOTRE FUSIL « FLASH-BANG » VA FINALEMENT TROUVER SON UTILITÉ!

AH MAIS, UN INSTANT...

ET MOI, RONGEUR?

DÉSOLÉ, PAT! IL N'Y A PAS ASSEZ DE PLACE DANS CE GLISSEUR! ET JE NE POURRAI PEUT-ÊTRE PAS REVENIR TOUS VOUS CHERCHER.

MAIS... MAIS... JE DOIS SECOURIR GERTRUDE...

NOUS NE SOMMES PAS VRAIMENT DES AMIS, PAT... MAIS JE RAMÈNERAI TOUT LE MONDE SAIN ET SAUF! PROMIS!

WOUF!

EN ROUTE VERS LE MONDE DU FUTUR, MESSIEURS! PROCHAIN ARRÊT : L'AN 125QXX!

PAR LES CHAUSSETTES DE L'ARCHIDUCHESSE! C'EST...

NON...

VZZZZ

VZZZZZZ

... UN DÉSERT! OÙ EST PASSÉE LA MER?

ET OÙ SONT PASSÉS LES GENS??

VZZZZZ...

VZZZZZ...

VZZZZ...

JE RÊVE! PARTOUT, CE NE SONT QUE DES INSECTES!

J'AI VU DES FOURMIS GÉANTES PAR LE PASSÉ, MAIS RIEN DE TEL...

QUI SAIT QUELLES HORREURS INVERTÉBRÉES SE CACHENT ICI, SE PRÉPARANT À ENVAHIR NOTRE ÉPOQUE, À NOUS DÉCHIQUETER SOUS LEURS MANDIBULES ET LEURS PATTES GRIFFUES! C'EST... C'EST TROP À SUPPORTER!

≥ GASP! ≤

?

BONNE CHANCE, L'AMI!

HEILLE!

KEK KEK KEK!

POUVOIR COMBATTRE FUTUR TOUT SEUL, LA ZZOURIS?

JE FERAI DE MON MIEUX, FACE DE CAFARD! MAINTENANT, AVANCEZ!

FUYEZ! C'EST LA FIN DE NOTRE MONDE TEL QUE NOUS LE CONNAISSONS! IL FAUT **FERMER CETTE PORTE!**

HEIN?

ZOVV

MILLE GEYSERS! IL VA DÉSACTIVER LE **VORTEX** DERRIÈRE LUI... MICKEY DOIT SE DÉPÊCHER!

GER- TRUDE...

DES CENTAINES DE GROSSES BIBITTES! CET ENDROIT ME DONNE DES FRISSONS...

KEK! AMUZZANT... ZE ZONT VOUS, LES **ZHOMMES,** QUI AVOIR FAIT **ZE MONDE!**

NOUS? Q-QU'EST-IL ARRIVÉ?

ZHOMMES NUIZIBLES PARTIS IL Y A DES SIÈCLES, VERS ÉTOILES, APRÈS AVOIR **EMPOIZONNÉ** ET PILLÉ LA TERRE! EUX ABANDONNER LEUR MONDE!

BON RETOUR, MES ZEIGNEURS! TOUT EST CALME!

ATTENTION À VOS PAROLES!

VOIZI NOTRE... COLLECZZION! KIK KEK!

BON SANG! DIFFÉRENTES ESPÈCES D'ANIMAUX CONSERVÉES DANS DE L'AMBRE... COMME SUSPENDUES DANS LE TEMPS!

GASP! YOUPI! TOUT LE MONDE EST LÀ! MÊME L'ÉQUIPE DE BAQUATER! TENEZ BON, LES GARS!...

KIK KEK! MAINTENANT, ZALES PETITS ZACS À VIANDE, PLUS AVOIR D'IZZUE À PART VOUS FAIRE **MANZER**!

DOMMAGE AVOIR PERDU CHANZE DE CHAZZER TOI, PETITE ZOURIS...

QUOI?

R-RRUMBLEE
B-THUMP
B-THUMP
B-THUMP

?

TROP FACILE!

CRASH

QUEL CHOC! QU'EST-CE Q... ?

WOUF!

WOUF!

EH, LE RONGEUR! ON ÉTAIT DANS LE COIN À ÉCRABOUILLER DES INSECTES ET ON A PENSÉ QUE TU AURAIS BESOIN DE NOS SERVICES!

PAT HIBULAIRE! JE N'AURAIS JAMAIS PENSÉ ÊTRE AUSSI CONTENT DE TE VOIR.

CET ORDINATEUR VA VOUS AIDER À **DÉLIVRER** LES AUTRES!

OK!

DIS PLUS JAMAIS QUE J'FAIS PAS ATTENTION À TOI, BÉBÉ!

OH, JE TE LE PROMETS, MON PATOUNET!

MESSIEURS, ÉTAPE SUIVANTE : LA FUITE!

ABSOLUMENT!

MICKEY, PRENDS GARDE!... GLOUP! IL NE M'ENTEND PAS!

GRR!

ZVING

ZVING

ZVING

FAIS-MOI UNE RISETTE, L'AMI!

URK!

BRAVO, DINGO!

POK

BRAAA?!

PAS DE PANIQUE, TRIXIE! ILS VIENNENT AVEC NOUS!

QUITTONS CETTE FOURMILIÈRE!

DANS QUELLE PARTIE DE L'ÎLE SOMMES-NOUS, MICKEY?

NOUS NE SOMMES PAS SUR L'ÎLE, MINNIE... C'EST UNE LONGUE HISTOIRE!

JE T'EXPLIQUERAI PLUS TARD. MAIS SACHE QUE NOUS SOMMES DANS UN **FUTUR LOINTAIN** ET QUE NOUS RISQUONS À TOUT MOMENT DE RESTER **COINCÉS ICI À JAMAIS.**

JE DOIS FERMER LE VORTEX... STOPPER CES RÉPUGNANTS INSECTES!

ET NOUS VOICI DE RETOUR DANS... LE PASSÉ!

FILE COMME LE VENT, TRIXIE! GO! GO! GO!

NOUS Y SOMMES PRESQUE!

OUFF! POUFF!

DUKE VANTARD, **ATTENDEZ!** DUKE!

LE VAISSEAU DES **ALIENS!** ILS VIENNENT POUR MOI!

DESCENDEZ, VITE!

VOTRE TRANSPORT EST TROP **LENT!** MONTEZ!

ADIEU, TRIXIE! TU AS ÉTÉ UNE AMIE FIDÈLE! JE NE T'OUBLIERAI JAMAIS!

ET MERCI DE NE PAS M'AVOIR BOUFFÉ, GROS LÉZARD!

BRAA!

ET VOILÀ!

TLAK

GÉNÉRATEUR

MARCHE

ARRÊT

GARE À VOUS!

VOOOO

PFIOU! LE VORTEX D'ÉON A DISPARU... ET ON A FAILLI Y LAISSER NOS MOUSTACHES!

« ET ÇA VEUT DIRE QUE LE VORTEX A AUSSI DISPARU POUR L'AN **125QXX!** »

FR!

BZ!

KEK!

FR?

BZ?

KEK?

ET APRÈS UNE LONGUE SÉANCE D'EXPLICATIONS...

EH BIEN, LES AMIS, NOTRE EXPÉRIENCE A ÉTÉ UN **SUCCÈS!** NE RECOMMENÇONS JAMAIS!

ENTENDU! IL Y A DES CHOSES QU'IL VAUT MIEUX LAISSER SUR **L'ARDOISE!**

... ET ALORS, J'AI FONCÉ POUR VOUS TROUVER!

OH, MICKEY! TU AS ÉTÉ SI **COURAGEUX!**

MON **BIQUET** AUSSI A ÉTÉ COURAGEUX, EN FIN DE COMPTE!

OUAIS! ON FAIT UNE SACRÉE BONNE ÉQUIPE, HEIN, RONGEUR?

ÇA ALORS, PAT! JE CROIRAIS ENTENDRE UN HOMME QUI A DÉCIDÉ DE TOURNER LA PAGE!

POURQUOI PAS?! PAT ET MOI AVONS DÉCIDÉ DE NE PAS COMMETTRE DE FILOUTERIES PENDANT UN **MOIS!**

C'EST BON!

CE QUI ME RAPPELLE... UN **RENDEZ-VOUS** AVEC **DUKE**!

N-N-NON! TOUT **DOUX**, JEUNE FILLE!

CALMEZ-VOUS, MADAME...

?

BRAVO, **MAXIMUS**!

... ET LAISSEZ-**MOI** M'EN CHARGER POUR VOUS!

OH!

QUOI?

wink!

MAXIMUS! CE N'EST PAS GENTIL DE VOTRE PART, SAVEZ-VOUS?

AH! LE **JUSTE** RETOUR DES CHOSES!

OH, MICKEY! JE M'EN VEUX DE M'ÊTRE LAISSÉ, CHARMER PAR DUKE ET SES HISTOIRES DE **BRAVOURE**... C'ÉTAIT POURTANT JUSTE DU VENT! TOI, TU ES UN VRAI **HÉROS**!

VOYONS, MINNIE... EUH... C'ÉTAIT RIEN!

SI! ET...

HÉ HÉ! QUE VOIS-JE? DES **NAUFRAGÉS**! SERIONS-NOUS TOMBÉS SUR L'ÎLE DE GILLIGAN?

?

BESOIN D'UN TRANSPORT?

WAOUH! ILS ONT DÛ VOIR MON MESSAGE SUR LA PLAGE!

NOUS VOUS AVONS ENFIN TROUVÉS. LES DERNIERS JOURS ONT DÛ ÊTRE ENNUYANTS À MOURIR!

HA HA! ENNUYANTS N'EST PAS VRAIMENT LE MOT, ET POURTANT...

... ON PEUT DIRE QUE CE SAUVETAGE EST ARRIVÉ JUSTE À TEMPS!

HA HA HA!

WOUF! ARF! WAF! WOUF!*

*« ÇA, TU PEUX LE DIRE! »

FIN

79

Mickey

Une aventure hors du temps ! Après le naufrage de leur bateau de croisière, Mickey, Minnie, Dingo et Pluto se retrouvent échoués sur Quandomai, une île étrange où les dinosaures continuent de fouler la terre et où se cachent de terribles secrets ! Accompagnez Mickey et ses amis pour une expédition pleine d'aventures, de mystères et de nouveaux amis, qui vous transportera au-delà de votre imagination afin de percer le secret de l'île de Quandomai.

ISBN-978-2-89660-367-1

Picsou

Un programme triple ! Quand Picsou s'aventure sur la mer pour un voyage de convalescence, il découvre une île où il rencontre des Rapetou changés en pierre ainsi que le « mystérieux rayon de pierre » qui les a pétrifiés. Mais qui peut bien être ce chétif scientifique à l'œuvre dans l'ombre et comment se trouve-t-il mêlé à la transformation des Rapetou ? De retour à Donaldville, dans l'aventure mise en scène par Don Rosa intitulée « L'argent liquide », la bande des Rapetou et le scientifique s'associent pour une opération qui liquéfie littéralement les avoirs de Picsou !

ISBN-978-2-89660-368-8

Mickey

Embarquez avec Mickey et ses amis dans des aventures pleines de rebondissements et de… multiplications ? Quand une expérience de clonage tourne à la catastrophe, Mickey et Iga Biva, son ami du futur, doivent trouver un moyen d'arrêter une gigantesque armée de Mickey ! Et comme si ce n'était pas assez, Mickey découvre, lors d'une visite au mont Rushmore, qu'un dangereux criminel menace de conquérir le monde à l'aide de robots géants à l'effigie des présidents américains !

ISBN-978-2-89660-371-8

Histoire de jouets

Buzz contre Buzz ! Lorsqu'Andy reçoit un cadeau imprévu, un autre Buzz Lightyear, la bataille fait rage entre les deux Buzz. Et Andy, qui ne peut en conserver qu'un, se trompe et retourne le mauvais Buzz ! Comment Woody et la bande pourront venir à la rescousse de leur ami pour le délivrer du magasin de jouets où il est enfermé avec une armée de Buzz Lightyear ? Une aventure pleine de rebondissements où vous retrouverez tous vos personnages préférés, dans une course contre la montre afin de rescaper le vrai Buzz Lightyear.

ISBN-978-2-89660-365-7

Mickey

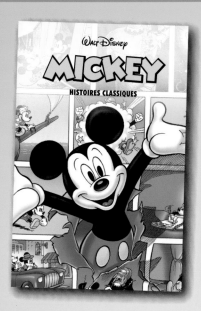

La souris est de retour parmi nous ! Nous y voilà, Minnie ! Le lac Tranquille… l'endroit le plus calme sur la terre ! Des histoires éternelles mettant en scène Mickey Mouse dans certaines de ses aventures les plus classiques, au cours desquelles il dénoue des mystères, combat les pirates ou profite simplement de la vie ! Tirées des archives de Disney, ces aventures constituent en quelque sorte les grands succès de Mickey !

ISBN-978-2-89660-370-1

Les bagnoles

Le rallye automobile ! Flash McQueen et Radiator Springs accueillent un événement au profit d'un organisme de bienfaisance, le camp du Cercle des champions et une toute nouvelle voiture, Timmy ! Mais qu'adviendra-t-il quand Chick Hicks découvrira l'existence de cette course, alors que personne n'a invité le champion de la Coupe du Piston ? Les tempéraments s'échauffent, tandis que les coureurs semblent vouloir régler leurs différends sur la piste lors de la course inaugurale qui aura lieu à Radiator Springs !

ISBN-978-2-89660-366-4

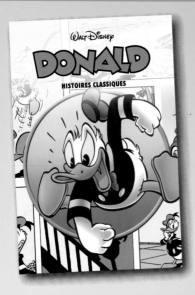

Donald

Le canard se déchaîne ! Des récits intemporels mettant en scène Donald dans ses plus classiques mésaventures. Que ce soit pour une chasse au trésor, livrer du lait, faire des photos, couvrir la distribution de journaux de ses neveux ou même espionner pour l'oncle Picsou, Donald sait comment se retrouver dans le pétrin ! Issues directement des archives Disney, ces histoires raviront les fans du colérique, mais toujours sympathique, ami Donald !

ISBN-978-2-89660-369-5

Le Muppet Show

Le retour de Skeeter ! Vous en avez fait le souhait et nous l'avons exaucé ! Grâce au talent de Roger Langridge, nominé aux prix Eisner, la sympathique Skeeter, maintenant devenue adulte, retourne enfin chez ses amis Muppets. C'est la réunion de famille à laquelle tous les fans voulaient assister. Mais d'autres surprises vous attendent, car des personnages secondaires feront leur retour fracassant dans l'univers des Muppets. Qui ? Pour le savoir, rejoignez Kermit, Piggy, Fozzie, Gonzo et tous leurs amis dans cette histoire pleine d'humour et de chansons. Que le spectacle commence !

ISBN-978-2-89660-364-0

WALT DISNEY

MICKEY

HISTOIRES CLASSIQUES

Tirées des archives de Disney, ces aventures constituent en quelque sorte les grands succès de Mickey !

NOUS Y VOICI. MINNIE! LE LAC TRANQUILLE, L'ENDROIT **LE PLUS CALME** SUR LA TERRE...

OH! COMME C'EST JOLI!

C'EST TRÈS JOLI, **MAIS** ON NE VOIT PERSONNE!

JE T'AI DIT QUE C'ÉTAIT **CALME, NON?**

CALME! C'EST **DÉSERT,** TU VEUX DIRE!

OH! MAIS ILS SONT PEUT-ÊTRE PARTIS À LA PÊCHE! ALLONS VOIR LE PROPRIÉTAIRE.

LAC TRANQUILLE

EUH... BONJOUR, JED. TE SOUVIENS-TU DE MOI? M. SQUIGGLES EST-IL LÀ?

OUAIS! JE M'SOUVIENS D'TOI. NAN... IL EST PAS LÀ!

HÉ BIEN, HEU... JE TE PRÉSENTE MINNIE MOUSE. ELLE A ÉTÉ ENGAGÉE COMME SERVEUSE... ET MOI, COMME GUIDE... PAR M. SQUIGGLES.

'JOUR MAM'ZELLE!

BEN, P'TÊT' BEN QUE SQUIGG CONNAÎT SON AFFAIRE, MAIS EN FAIT D'SURPLUS D'AIDE EN CETTE SAISON, ÇA N'A PAS D'SENS!

QUE VEUX-TU DIRE?

BEN, À CAUSE DE C'TE BÊTE FÉROCE, BEN SÛR! CE CHAT AUX SEPT COULEURS QUI TERRORISE LES TOURISTES!

JE NE COMPRENDS PAS!

BEN SÛR QUE NON, TOUT COMME CES CHASSEURS QUI PARTENT TOUS LES JOURS ET... AH, V'LÀ SQUIGG!

CLOP... CLOP... CLOPPITY-CLOP!

OÙ TU L'AS PERDU, SQUIGG?... AU MÊME ENDROIT?

LE MÊME, JED. ON ÉTAIT UNE DIZAINE APRÈS LUI QUAND IL A DISPARU.

C'TE BESTIOLE, C'EST UN VRAI MYSTÈRE!

C'EST COMME J'LE DISAIS À CES DEUX-LÀ!

JED A RAISON, LES GARS. LE PIRE... OH! BONJOUR MICKEY! TU ES VENU POUR LE POSTE DE GUIDE?

C'EST ÇA, MONSIEUR!

BEN, MONTRE UN PEU LES ENVIRONS À TON AMIE JUSQU'AU DÎNER.

MAIS N'OUBLIE PAS, ÉVITE LE CÔTÉ SUD DE LA FORÊT!

POURQUOI, M. SQUIGGLES? POURQUOI TOUT CE MYSTÈRE?

IMAGINE-TOI UN ÉNORME LION DES MONTAGNES AU PELAGE À SEPT COULEURS! ET IL DISPARAÎT SANS LAISSER LA MOINDRE TRACE!

MICKEY, QUE PENSES-TU DE CET ANIMAL TERRIBLE?

BAH! ÇA N'EXISTE PAS UN ANIMAL COMME ÇA. À LA CAMPAGNE, LES GENS RACONTENT N'IMPORTE QUOI...!

OULAH - OUAOUH! KRIII!

HIII! HIII! MICKEY...!

WALT DISNEY
PICSOU

LES 50 COFFRES-FORTS

De retour à Donaldville, la bande des Rapetou et le scientifique s'associent pour une opération qui liquéfie littéralement les avoirs de Picsou !

Walt Disney

PICSOU

ET LES

50 COFFRES-FORTS

BEAUCOUP D'EFFORTS POUR RIEN...
C'EST L'HISTOIRE DE MA VIE ! MAIS ÇA
N'A RIEN D'UNE DESCRIPTION DE TÂCHE...
JUSQU'À AUJOURD'HUI.
POUF ! POUF !

I AT 118-A

TOUT A COMMENCÉ PAR MON FAMEUX
PLAN VISANT À EMPÊCHER LES
RAPETOU D'ENTRER
DANS TON COFFRE-
FORT, NON ?

D'ACCORD ! J'AI GAFFÉ ! ET ILS
ONT DÉROBÉ 90 $ EN ROULEAUX
DE 25 CENTS ! TU M'AS DIT :
REMBOURSE-MOI ! **EN ARGENT**
OU À **CRÉDIT** !

ACCRO À LA CARTE DE CRÉDIT COMME TU L'ES, TU AS DIT : À CRÉDIT !

L'HABITUDE, MON ONCLE ! JE NE SAVAIS PAS QUE TU VOULAIS DIRE...

TU NE POUVAIS PAS SAVOIR PARCE QUE TU ES UN INCOMPÉTENT, MON CHER ! ET, C'EST POURQUOI, TES PLANS POUR M'AIDER, C'EST BIEN FINI ! TON CERVEAU EST UN DÉSASTRE !

MAIS, CÔTÉ MUSCLE, T'ES PLUTÔT DOUÉ ! TU ES DONC LE CANARD QUI A TOUT CRÉDIT POUR CHARGER LA PILE DE MA LAMPE DE CHEVET !

AU PRIX COURANT DU VOLT, TU AURAS REMBOURSÉ LES 90 $ D'ICI UN MOIS !

EURK ! BLEE...

C'EST L'HEURE DE PARTIR ! PRÉSENTE-TOI EN BAS DEMAIN MATIN, TU POURRAS CHARGER LA PILE DU PHOTOCOPIEUR DE MISS FRAPPE !

YAWWWN...

GNAZZ !

CIEL !

- GROGNEMENT - TU ESSAIES DE DORMIR ICI POUR NE PAS ALLER CHEZ TOI, HEIN ? TES RONFLEMENTS ME DISTRAIENT DE MON TRAVAIL LA NUIT !

MAIS ! MAIS...

OH, JE VOIS, UNE AUTRE PANNE DE CERVEAU. ALLEZ, JE TE MONTRE LA PORTE !

PAS BESOIN ! JE SAIS À QUOI ELLE RESSEMBLE !

- SOUPIR - IL N'A PAS EU À ME **MONTRER LA PORTE**! BON SANG! JE SUIS **ANÉANTI**!

MAIS, PAS AUTANT QUE QUAND J'AURAI REMBOURSÉ SES 90 $! PÉDALER, JUSQU'À **USURE DU MATÉRIEL**, C'EST TOUT MOI, ÇA!

ET LE LENDE-MAIN ARRIVA, COMME CELA ARRIVE PARFOIS.

NOUS T'AVONS PRÉPARÉ TON PLAT PRÉFÉRÉ, ONCLE LA MARMOTTE!

LA MARMOTTE! - BÂILLEMENT - MON HONNEUR A CONNU **PIRE**!

À ENTENDRE ONCLE PICSOU, ON CROIRAIT QUE ... HÉ! MAIS, QU'EST-CE QUE...? DES THÉIÈRES EN PORCELAINE?

NOUS AVONS CONSTRUIT CES MINI-COFFRES-FORTS, DES TIRELIRES POUR NOS **ÉCONOMIES**!

ET VOUS AVEZ BESOIN DE **CINQ** TIRELIRES? SI JAMAIS J'AI BESOIN D'UN **PRÊT**...

DÉSOLÉ, ONCLE DONALD! NOUS SOMMES TOUT AUSSI PAUVRES QUE TOI!

C'EST TOI QUI NOUS DONNE NOTRE **ALLOCATION**!

ALORS, POURQUOI AVEZ-VOUS FABRIQUÉ...

CINQ? POUR TROMPER LES **VOLEURS**. QUATRE SONT **VIDES**... SI UN VILAIN RAPETOU EN VOLE UNE, IL A MOINS DE CHANCES DE PARTIR AVEC NOTRE ARGENT.